HOPPLA

HOPPLA

Deutsch für mehrsprachige Kindergruppen 4

Lehrmittelverlag Zürich

Vom Gleichgewicht

Milch und Milchprodukte

Früchte und Gemüse unterwegs

Vom Hausbau

Vom Abwasser

Ein Krimi

Seite 6   1

Seite 16   2

Seite 26   3

Seite 36   4

Seite 46   5

Seite 56   6

Vom Gleichgewicht

Was bedeutet eigentlich Gleichgewicht
Seite 8 – 9

Nadine Tobler, Seiltänzerin
Seite 10

Munir Zukić, Kranführer
Seite 11

Ein Mobile bauen
Seite 12

Über Textsorten sprechen
Seite 13

Lampenfieber
Seite 14 – 15

Was bedeutet eigentlich Gleichgewicht?

Das Wort ‹Gleichgewicht› setzt sich aus zwei Wörtern zusammen, aus ‹Gewicht› und ‹gleich›. Am Beispiel einer Waage lässt sich gut erklären, was das Wort ‹Gleichgewicht› bedeutet. Legt man bei einer Waage auf beiden Seiten zwei gleich schwere Sachen in die Waagschalen, bleiben beide auf der gleichen Höhe. Die Waagschalen sind auf einer waagrechten Linie, die Waage ist im Gleichgewicht. Wenn auf der einen Seite auch nur ganz wenig Gewicht dazukommt, ist die Waage nicht mehr im Gleichgewicht. Die Waagschale mit dem schwereren Gewicht sinkt, die Waagschale mit dem leichteren Gewicht steigt. Die Waagschalen sind nun nicht mehr auf einer waagrechten, sondern auf einer schiefen Linie.

Das Prinzip vom Gleichgewicht kann man auch an einem Kleiderbügel beobachten. Wenn man den Kleiderbügel an einer feinen Schnur aufhängt und an beiden Enden je eine Wäscheklammer befestigt, bleibt der Bügel waagrecht. Er ist im Gleichgewicht. Befestigt man aber auf der einen Seite zwei Wäscheklammern, gerät der Kleiderbügel aus dem Gleichgewicht und hängt schief. Er ist im Ungleichgewicht. Auch wenn auf beiden Seiten je eine Wäscheklammer ist, kann man trotzdem ein Ungleichgewicht bewirken. Man schiebt einfach eine Klammer näher zum Angelpunkt. Diese Seite steigt, und die andere Seite sinkt.

Wie Gewicht und Abstand vom Angelpunkt zusammenhängen, kann man

A

Sind die Gewichte
gleich schwer,
entsteht ein Gleichgewicht.

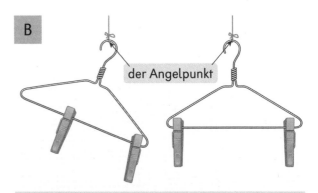

B

der Angelpunkt

Ist der Abstand zum Angelpunkt
gleich gross,
entsteht ein Gleichgewicht.

auch beim Balancieren eines Lineals
auf einem Finger beobachten.
Der Finger muss genau in der Mitte
des Lineals sein. So sind beide Seiten
des Lineals gleich schwer. Das Lineal
ist im Gleichgewicht. Legt man
aber einen Gummi auf die eine Seite
des Lineals, muss man den Finger,
also den Angelpunkt, näher zum Gummi
schieben. So bleibt das Lineal trotzdem
im Gleichgewicht.

Wenn man das Lineal auf die flache
Hand legt, ist die Auflagefläche grösser
als beim Finger, und das Balancieren
wird einfacher. Deshalb muss die flache
Hand nicht ganz in der Mitte sein,
und trotzdem bleibt das Lineal im Gleichgewicht. Auch wenn man das Lineal

beim Angelpunkt mit einem Gewicht
beschwert, wird das Balancieren
einfacher.

Wir Menschen haben verschiedene
Möglichkeiten, um beim Balancieren
im Gleichgewicht zu bleiben. Einer-
seits können wir die Arme ausstrecken.
Andererseits können wir die Beine
spreizen, damit zwischen den Füssen
eine grössere Fläche entsteht.
Diese Fläche entspricht der Auflagefläche bei Gegenständen. Wenn man
auf einer schmalen Mauer oder auf
dem Seil balanciert, hat man zwischen
den Füssen nur eine kleine Fläche
und muss darum mehr mit den Armen
ausbalancieren.

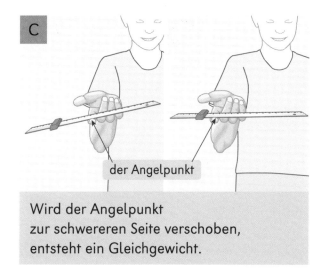

C

der Angelpunkt

Wird der Angelpunkt
zur schwereren Seite verschoben,
entsteht ein Gleichgewicht.

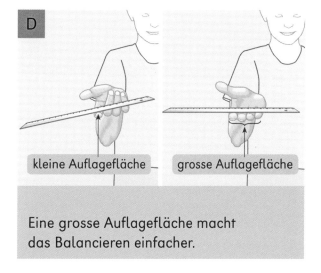

D

kleine Auflagefläche   grosse Auflagefläche

Eine grosse Auflagefläche macht
das Balancieren einfacher.

Nadine Tobler, Seiltänzerin

1 Mein Arbeitstag beginnt zwischen 8 und 9 Uhr,
aber wenn ich am Abend vorher einen Auftritt habe,
schlafe ich länger. Am Morgen trinke ich Kaffee und
erledige Büroarbeiten oder aktualisiere meine Homepage.

5 Dann esse ich etwas, und gegen 12 Uhr mache ich mich
auf den Weg in den Trainingsraum. Ich trainiere 5-mal
in der Woche 2 bis 3 Stunden. Das Training läuft immer
ähnlich ab. Zuerst mache ich Aufwärm- und Dehnungs-
übungen, danach beginnt das Seiltraining. Auf dem

10 Seil gehe ich zuerst nur hin und her, dann übe ich
Drehungen, kleine Sprünge und Tanzschritte. Am Schluss
übe ich die schwierigsten Kunststücke und versuche,
neue Kombinationen von Bewegungen zu finden.
Mein Drahtseil ist 12 mm dick und 7 m lang. Es ist auf

15 2 m Höhe gespannt. Im Trainingsraum ist das Seil fix
installiert. Ich unterrichte noch an einer Zirkusschule
für Kinder. Auch dort ist das Seil fix installiert. Wenn ich
an Hochzeiten oder Festanlässen auftrete, muss ich
das Seil zuerst installieren. Das ist sehr aufwendig.

20 Trotzdem trete ich sehr gern auf, am liebsten im Freien.
Bei den Auftritten benütze ich einen Fächer, das gibt mir
Stabilität.

Meine Arbeit ist körperlich anstrengend, das gefällt mir.
Und dass ich mit verschiedenen Leuten wie Artistinnen,

25 Organisatoren und Kindern zu tun habe, finde ich schön.
Ein Nachteil ist, dass man wenig Geld verdient. Man muss
auch immer schauen, dass man Aufträge hat.

Für die Zukunft wünsche ich mir, wieder einmal in einem
längeren Projekt mitzumachen oder mit einem Zirkus

30 auf Tournee zu gehen.

Munir Zukić, Kranführer

1 Am Morgen stehe ich um 5 Uhr auf, trinke Kaffee,
packe mir etwas zum Essen ein und fahre auf die Baustelle.
Die Arbeit beginnt um 7 Uhr. Zuerst kontrolliere ich,
ob beim Kran alles in Ordnung ist, dann beginne ich
5 mit der Arbeit. Viele Krane kann man von unten und
von oben bedienen. Auf kleinen Baustellen bin ich
meistens unten. Wenn es ein Problem gibt, zum Beispiel
mit einem Seil, muss ich auf den Kran hinaufsteigen.
Auf dem Ausleger kontrolliere ich dann die Seile und
10 schaue, dass alles wieder richtig funktioniert.
Da muss man natürlich schwindelfrei sein.Wenn ich mit
dem Kran arbeite, muss ich wissen, wie schwer die Last ist.
Nahe am Turm kann ich schwerere Lasten heben
als weiter aussen. Mit diesem Kran zum Beispiel kann ich
15 nah am Turm 6 t heben, in der Mitte noch 3 t und ganz
aussen nur noch 1,8 t. Der Kran muss im Gleichgewicht
bleiben, sonst kippt er um. Das wäre ganz schlimm!
Um 17.20 Uhr ist Feierabend. Bevor ich nach Hause gehe,
schalte ich die Fernbedienung des Krans aus. Dadurch wird
20 der Kran windfrei gestellt, das heisst, er kann sich frei
nach dem Wind richten.

Auf dem Bau sagen alle, dass es der Kranführer schön hat
und dass er nicht viel arbeiten muss. Aber das stimmt
nicht. Wir haben eine grosse Verantwortung, und die Arbeit
25 ist gefährlich, vor allem wenn es windet. Aber bei schönem
Wetter ist es eine tolle Arbeit.

Wenn ich 50 bin, möchte ich weniger arbeiten. Dann sind
meine Töchter mit der Lehre fertig, und ich kann einige
Monate im Jahr in Bosnien leben. Ja, so stelle ich mir die
30 Zukunft vor.

Ein Mobile bauen

z

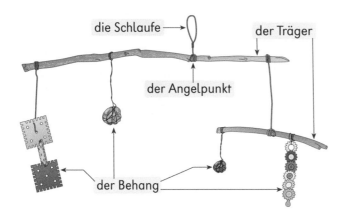

die Schlaufe → der Träger

der Angelpunkt

der Behang

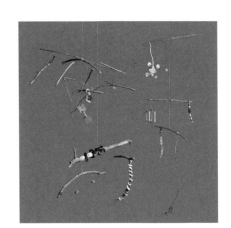

| 1. | Einen Träger und ein 40 cm langes Stück Drahtfaden bereitlegen. | 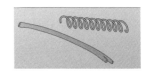 |

| 2. | Den Drahtfaden etwa in der Mitte des Trägers mehrmals nicht zu eng um den Träger wickeln. Eine Schlaufe zum Aufhängen machen. |  |

| 3. | Den Träger an der Schlaufe in die Luft halten. Den Angelpunkt verschieben, bis der Träger im Gleichgewicht ist. |  |

| 4. | Den Behang vorbereiten und mit Drahtfaden am Träger befestigen. | 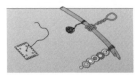 |

| 5. | Den Träger an der Schlaufe aufhängen. Den Behang so verschieben, dass der Träger im Gleichgewicht ist. |  |

Schreib einen Bericht. Benütz dabei den Schreibauftrag aus dem Zusatzmaterial.

Über Textsorten sprechen

Eine Geschichte ...

... erzählt, was sich jemand ausgedacht hat.

Ein Bericht ...

... sagt, was in Wirklichkeit passiert ist.

Ein Porträt ...

... sagt, wie eine Person ist und was sie macht.

Eine Anleitung ...

... sagt, was man wie machen muss.

Ein Sachtext ...  ... erklärt, wie und warum etwas so ist.

Lampenfieber

1 Schon seit mehreren Wochen arbeitete die Klasse von
Frau Pelli an einem Programm für eine Zirkusvorstellung.
Die Kinder übten allerlei Kunststücke ein und gestalteten
eine Einladung. Die Zirkusvorstellung fand am
5 Donnerstagabend vor den Herbstferien im grossen Saal des
Schulhauses statt.

Für die Seiltanznummern hatten die Kinder aus der Turn-
halle eine Bank geholt. Sie balancierten über diese Bank
und bewegten sich dabei wie Seiltänzerinnen und Seiltänzer.
10 Herr Läng, der Hauswart, half den Kindern auf der Bühne,
und Frau Pelli bediente die Scheinwerfer. Weil sie
die Scheinwerfer nicht auf die Füsse der Kinder richtete,
sah das Publikum die Bank nicht. So meinte man,
dass die Kinder auf einem Seil wären.

15 Ria war eine besonders gute Seiltänzerin. Sie bewegte sich
elegant und sicher. In ihrer Seiltanznummer tat sie
plötzlich so, als ob sie das Gleichgewicht verlieren würde.
Die Kinder hatten abgemacht, dass sie in diesem Moment
erschrocken «Uiiiii!» rufen würden. So wirkte alles echt,
20 und das Publikum meinte, Ria sei wirklich in Gefahr.

Mirko schlug vor, seine Seiltanznummer zusammen
mit seiner fünfjährigen Schwester Joana vorzuführen.
«Kleine Kinder kommen beim Publikum immer gut an»,
sagte Frau Pelli. Also durfte Joana auch mitmachen.
25 Im Programmheft wurde in grossen Buchstaben an-
gekündigt: «Sie sehen die jüngste Seiltänzerin der Welt!»

Endlich war es so weit. Der grosse Saal füllte sich.
Alle waren gespannt, auch die Kinder hinter der Bühne.
Pünktlich um halb acht begrüsste Frau Pelli das Publikum,
30 und die Vorstellung konnte beginnen. Nico kam auf

die Bühne und kündigte die erste Nummer an. Es war
eine Clownnummer.

Nach jeder Nummer verbeugten sich die Künstler auf
der Bühne, und das Publikum klatschte begeistert.

35 Es lief alles gut, bis die Nummer mit der jüngsten Seiltänzerin kam. Die kleine Joana wollte auf einmal
nicht mehr auftreten. Mirko zog Joana am Ärmel und
flüsterte verärgert: «Schnell, schnell! Wir sind dran.»
«Ich will nicht», schluchzte Joana. Sie hatte plötzlich Angst.

40 Mirko war ratlos. Was sollte er tun? Zum Glück hatte
Herr Läng eine Idee. Er flüsterte Nico etwas ins Ohr und
sagte danach leise zu Joana: «Komm, wir gehen zusammen
auf die Bühne. Ich bin auch ein guter Seiltänzer.»

Unterdessen erklärte Nico dem Publikum, dass die
45 nächste Seiltanznummer eine besondere Überraschung
bringen würde: «Sie sehen nicht nur die jüngste Seiltänzerin,
sondern auch den ältesten Seiltänzer der Welt!»
Das Publikum hatte sich schon gewundert, warum es
nicht weiterging. Jetzt klatschte es erwartungsvoll.

50 Die Scheinwerfer gingen an, und Herr Läng balancierte
mit Joana an der Hand über die Bank. Das sah lustig aus!
Das Publikum lachte und war begeistert. Joana fasste
wieder Mut und winkte sogar ins Publikum.

Die ganze Vorstellung war ein Erfolg. Am Schluss mussten
55 die Kinder mehrmals auf die Bühne kommen. Sie verbeugten
sich immer wieder und waren stolz auf ihre Leistung.
Nach der Vorstellung bedankte sich Frau Pelli bei Herrn
Läng: «Das war eine tolle Idee.» Und zu Joana
sagte sie: «Unsere jüngste Seiltänzerin war zusammen mit
60 dem ältesten Seiltänzer noch viel besser als sonst.»

Milch und Milchprodukte

Wie wird eigentlich Käse gemacht?
Seite 18–19

Steffi Ackermann, Bergbäuerin
Seite 20

Patrick Oriet, Lebensmittel-inspektor
Seite 21

Butter herstellen
Seite 22

Von früher hören
Seite 23

Die Butterfabrik
Seite 24–25

Wie wird eigentlich Käse gemacht?

Dass Käse ein Milchprodukt ist, wissen alle. Aber nicht alle Leute wissen, wie Käse gemacht wird und dass es in der Schweiz über 400 verschiedene Käsesorten gibt! Käse wird aus Milch, Lab und Salz hergestellt. Für 1 kg Käse braucht man 10 l Milch und je nach Käsesorte 1 bis 2 g Lab. Lab gibt es als Flüssigkeit oder als Pulver.

Die Milch wird in der Käserei gekühlt gelagert. Zuerst kontrolliert man, ob die Milch sauber und frisch ist. Danach kann man mit der Käseproduktion beginnen. Man giesst die gekühlte Milch in einen grossen Kessel und erwärmt sie, weil das Lab nur in lauwarmer Milch wirken kann. Während des Aufwärmens rührt man ständig im Kessel. Je nach Käsesorte

wird die Milch auf 31 bis 35°C erwärmt. Wenn die richtige Temperatur erreicht ist, gibt man das Lab in die Milch. Nach 20 bis 30 min bewirkt das Lab, dass die Milch gerinnt, das heisst, sie wird zu einer weissen Masse, die wie schneeweisser Pudding aussieht.

Jetzt kann das Vorkäsen beginnen. Die geronnene Milchmasse wird mit der Käseharfe in regelmässige Stücke zerschnitten. Für harten Käse schneidet man kleine Käsekörner, für weichen Käse grössere. Gleichzeitig entsteht eine wässerige Flüssigkeit, das ist die Molke. Sobald die Käsekörner die gewünschte Grösse haben, werden sie in der Molke auf maximal 57°C erwärmt. Dabei muss ständig gerührt werden. Anschliessend

A

Das Lab wird beigegeben, sobald die Milch die richtige Temperatur erreicht hat.

B

Mit der Käseharfe wird die geronnene Milchmasse zerschnitten. Dadurch entstehen Käsekörner.

werden die Käsekörner mit einem Käsetuch aus der Molke gehoben und in eine Form gelegt. Weil die Masse immer noch Molke enthält, wird sie gepresst, damit möglichst viel Molke herausfliessen kann. Die frischen Käselaibe sind aber noch nicht fest, deshalb lässt man sie in der Form liegen.

Nach einiger Zeit werden die Käselaibe aus der Form genommen und in ein kühles Salzwasserbad gelegt. Hier nimmt der Käse Salz auf und gibt noch mehr Molke ab. Der Käse wird immer fester, und langsam bildet sich die Rinde. Kleine Käselaibe bleiben 30 min im Salzwasserbad, ganz grosse Laibe bleiben sogar 2 Tage darin liegen. Nach dem Salzwasserbad werden die Käselaibe auf

Holzbrettern gelagert. Während der Lagerung werden die Käse mehrmals wöchentlich mit Salzwasser eingerieben. Je länger der Käse lagert, desto rezenter wird sein Geschmack. Bei der Lagerung entsteht im Käse auch ein Gas, das Kohlensäuregas. Bei einigen Käsesorten kann dieses Gas nicht entweichen. Es bleibt im Käselaib, und so entstehen Löcher im Käse.

Bevor man den Käse verkaufen kann, wird er genau kontrolliert. Dazu sticht man aus dem Käselaib ein langes Stückchen Käse heraus. Man prüft den Geschmack, die Grösse der Löcher und die Härte. Wenn die Qualität stimmt, kann der Käse ausgeliefert werden.

C

Mit dem Käsetuch werden die Käsekörner in eine Form gelegt.

D

Während der Lagerung werden die Käselaibe weiter gepflegt. Sie reifen, und der Geschmack entwickelt sich.

Steffi Ackermann, Bergbäuerin

1 Mein Tag beginnt früh. Um 5.30 Uhr stehe ich auf
und wecke die Kinder. Nach dem Frühstück gehe ich
in den Stall. Ich miste den Stall und füttere die Tiere.
Wir haben 12 Kühe, 4 Rinder, 4 Kälber, 2 Schweine,
5 2 Pferde, 12 Schafe, einen Hund und Katzen. Die Kühe

werden gemolken, und um 7 Uhr wird die Milch in
die Sammelstelle gebracht. Um 9 Uhr lasse ich
die Tiere ins Freie, das tut ihnen gut. Ich arbeite dann
draussen weiter. Je nach Jahreszeit steche ich Unkraut
10 aus den Wiesen oder trage Mist aus, damit das Gras
gut wächst. Auf die steilen Wiesen hoch oben kommt
kein Mist. Darum wachsen dort viele Kräuter, die ich

für Tee und zum Kochen sammle. Das mache ich gerne.
Die Zäune müssen auch immer wieder versetzt werden,
15 und im Sommer heuen wir natürlich, damit die Tiere
im Winter Futter zum Fressen haben. Etwa um 11 Uhr
bereite ich das Mittagessen zu. Neben den Arbeiten
auf dem Feld und im Stall gibt es im Gemüsegarten zu tun.
Ich jäte, pflanze und ernte. Den Haushalt mache ich

20 eher bei schlechtem Wetter. Um 17 Uhr gehe ich wieder
in den Stall und mache die gleichen Arbeiten wie
am Morgen. Nach dem Abendessen koche ich Früchte
oder Gemüse ein oder erledige Büroarbeiten, das muss
eben auch sein. Etwa um 22 Uhr gehe ich ins Bett.

25 Das Schöne an meinem Beruf ist, dass man selbstständig
und in der Natur arbeiten kann. Ein Nachteil ist,
dass man stark angebunden ist. Die Tiere müssen jeden
Tag versorgt werden.

In Zukunft könnte ich vielleicht einmal Kurse für Kochen
30 mit Kräutern anbieten. Ich lerne nämlich immer mehr
über Kräuter. Das würde mir gefallen.

2

Patrick Oriet, Lebensmittelinspektor

1 Mein Arbeitstag beginnt um 8 Uhr. Pro Tag besuche ich
einen grossen Betrieb oder zwei, drei kleinere. Meistens
habe ich mich angemeldet. Der Leiter einer Käserei
zum Beispiel weiss, dass ich komme. Zuerst machen wir
5 einen Rundgang durch die Käserei. Ich schaue,
ob alles sauber ist und ob die Geräte in Ordnung sind.
Ich kontrolliere die Temperatur der Milch bei der Lagerung
und bei der Käseproduktion. Und ich stelle dem Leiter
viele Fragen zum Betrieb. Ich muss wissen, wie in seiner
10 Käserei alles abläuft. Manchmal nehme ich auch
ein Milchprodukt ins Labor, damit wir es genau unter-
suchen können. Wenn in der Käserei etwas kaputt oder
schmutzig ist, mache ich mit dem Leiter ab, bis wann
die Sache in Ordnung gebracht ist, und der Betrieb muss
15 eine Gebühr bezahlen. Wenn ich nach der Mittagspause
keine Betriebe kontrollieren muss, arbeite ich im Büro.
Ich schreibe Berichte oder organisiere die nächsten
Inspektionen. Meistens höre ich um 17 Uhr mit der Arbeit
auf und bin um 18 Uhr zu Hause.

20 In meinem Beruf ist jeder Arbeitstag anders, das gefällt
mir gut. Und ich schätze den direkten Kontakt mit
den Leuten. Ein Nachteil ist, dass der Lebensmittelinspektor
nicht immer willkommen ist. Damit muss man leben
können.

25 Ich weiss noch nicht, wie meine berufliche Zukunft aussieht.
Ich würde gerne Lebensmittelbetriebe in anderen Ländern
beraten, damit diese Betriebe besser arbeiten können.
Das wäre schön, und ich würde viel von der Welt sehen!

Milch und Milchprodukte

Butter herstellen

der flüssige Vollrahm

der Schlagrahm

die Butter
die Buttermilch

das Eiswasser

1. 1 dl gekühlten Vollrahm in ein Joghurtglas giessen.
Das Glas mit dem Deckel verschliessen.
10 min bei Zimmertemperatur stehen lassen.

2. Das Joghurtglas schütteln, bis der Rahm
zu Schlagrahm wird.

3. Das Joghurtglas kräftig weiterschütteln,
bis der Schlagrahm zu Butter wird.

4. Die Buttermilch sorgfältig in einen Becher abgiessen.

5. Die Butter im Joghurtglas mit Eiswasser bedecken.
Das Joghurtglas mit dem Deckel verschliessen.
1 min kräftig schütteln, das Eiswasser sorgfältig ableeren.
Dieses Vorgehen zwei Mal wiederholen.

6. Die Buttermilch mit etwas Vanillezucker süssen.
Die Buttermilch und die Butter probieren.

Schreib einen Bericht. Benütz dabei den Schreibauftrag aus dem Zusatzmaterial.

Von früher hören

Ruth Wettstein und Daniel Schiesser erzählen über die Essgewohnheiten
in ihrer Kindheit.

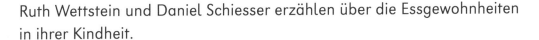

★ Ruth Wettstein wuchs
auf einem Bauernhof auf.

✖ In ihrer Familie war die
Hauptmahlzeit am Mittag.

❀ Am Küchentisch gab es eine
feste Sitzordnung.

Vor dem Essen sprach die Mutter
ein Tischgebet, man wünschte
sich guten Appetit, und es wurde
geschöpft.

▲ Die Kinder mussten von allem
essen.

● Man durfte zusammen sprechen,
ausser wenn der Vater die Nach-
richten hörte.

☾ Vor dem Vater durfte niemand
vom Tisch gehen.

♥ Ruth ass am liebsten Dampfnudeln
mit Vanillesosse.

★ Daniel Schiesser wuchs
in einem Reihenhaus auf.

✖ In seiner Familie war die
Hauptmahlzeit am Abend.

❀ Am Esszimmertisch sassen alle
am gleichen Platz, ausser
wenn es Streit gab.

Wenn geschöpft war, wünschte man
sich guten Appetit.

▲ Die Kinder mussten alles probieren.

● Sie durften zusammen reden,
ausser wenn die Eltern
etwas besprachen.

☾ Wenn die Eltern fertig gegessen
hatten, durften die Kinder
vom Tisch gehen.

♥ Daniel ass am liebsten Ravioli
aus der Büchse.

Die Butterfabrik

1 Es war an einem Sonntagmorgen, als es an der Türe
von Familie Olafsson klingelte. «Wer ist denn das?»,
rief der Vater aus der Küche. «Keine Ahnung»,
antwortete die Mutter, die gerade ihre Haare trocknete.

5 Paula rannte zur Türe und öffnete. Da stand die Nachbarin
aus dem ersten Stock. Sie war wie immer furchtbar
aufgeregt. «Sind deine Eltern da?», fragte sie. Der Vater
kam an die Türe. Die Nachbarin erzählte, dass sie
vergessen hatte, Butter zu kaufen: «Es ist zum Verzweifeln!

10 In einer halben Stunde kommen meine Gäste zum Brunch.
Ich habe zwölf Personen eingeladen und habe keine Butter!
Sonntagszopf ohne Butter, das geht doch nicht!»

Der Vater konnte auch nicht weiterhelfen: «Tut mir leid,
wir kaufen fast nie Butter. Wir essen zum Frühstück Corn-

15 flakes oder Müesli, und zum Kochen nehmen wir Olivenöl.»
«Was soll ich jetzt bloss tun?», fragte die Nachbarin
verzweifelt. Paula hatte eine Idee: «Jan und ich könnten
aus Rahm Butter machen. Wir haben das in der Schule
gelernt. Papa, haben wir Rahm?»

20 Zuerst war die Nachbarin etwas misstrauisch. Aber weil sie
keine andere Lösung sah, liess sie sich von Paula erklären,
wie man aus Rahm Butter macht. Unterdessen kam
der Vater mit Jan und drei Gläsern Rahm aus der Küche
zurück. Paula und Jan nahmen die drei Gläser und

25 gingen mit der Nachbarin in ihre Wohnung.

Die Nachbarin hatte noch ein Glas Rahm in ihrem
Kühlschrank. Weil die Gäste jeden Moment eintreffen
konnten, schlugen Paula und Jan vor: «Wir fangen
schon mal mit der Butterproduktion an.» Nach wenigen

30 Minuten klingelte es an der Türe. «Um Himmels willen!»,
rief die Nachbarin aufgeregt. Da kommen die ersten Gäste,
und ich habe den Tisch noch nicht gedeckt!» Die ersten
Gäste waren die Schwester und die beiden Nichten
der Nachbarin. Paula forderte die zwei Mädchen zum
35 Mithelfen auf: «Wenn ihr schütteln helft, haben wir in fünf-
zehn Minuten genug Butter für den Brunch.» Beide Mädchen
nahmen ein Glas. Die vier Kinder setzten sich an den
Küchentisch und schüttelten ihre Gläser. Schon klingelte es
wieder an der Türe, und es kamen weitere Gäste. «Was ist
40 denn hier los?», fragte ein älterer Herr. Er war der Vater
der Nachbarin. Er wunderte sich darüber, was die Kinder
machten. «Das ist eine Butterfabrik», erklärte Jan.
Der ältere Herr schaute den Kindern interessiert zu.
«Selbst gemachte Butter habe ich schon lange nicht mehr
45 probiert», schmunzelte er.

Nach einer Viertelstunde war der Rahm in den Gläsern
zu Butter geworden. Paula und Jan gossen die Buttermilch
in einen Becher und fügten etwas Vanillezucker dazu.
Der ältere Herr wollte als Erster probieren. «Das schmeckt
50 ja wunderbar!», sagte er. Auch andere Gäste probierten
die Buttermilch. Unterdessen machten Paula und Jan
die Butter fertig: Sie musste noch zweimal mit Eiswasser
bedeckt und geschüttelt werden. Dann war sie bereit.
Inzwischen waren alle Gäste eingetroffen, und der Brunch
55 konnte beginnen. Paula und Jan durften zum Brunch bleiben,
und alle genossen den Sonntagszopf mit der frischen Butter.
Die Nachbarin war überglücklich und sagte immer wieder
zu Paula und Jan: «Ihr habt meinen Brunch gerettet!
Was hätte ich ohne eure Butterfabrik gemacht?»

Früchte und Gemüse unterwegs

Warum sind Supermärkte eigentlich ähnlich eingerichtet?
Seite 28–29

Sheriban Shala, Verkäuferin
Seite 30

Bruno Giovanettoni, Gemüseimporteur
Seite 31

Einen Zopf flechten
Seite 32

Von früher hören
Seite 33

Musik aus der Tiefkühltruhe
Seite 34–35

Früchte und Gemüse unterwegs

Warum sind Supermärkte eigentlich ähnlich eingerichtet?

Es gibt viele verschiedene Supermärkte, aber irgendwie sehen alle ähnlich aus. Warum ist das eigentlich so? Wer sich wohlfühlt, kauft mehr ein. Das haben Fachleute herausgefunden. Und sie haben erforscht, wie ein Supermarkt aussehen muss, damit die Kundinnen und Kunden gern und lang im Laden bleiben. Dann kaufen sie nämlich mehr ein. Diese Fachleute beraten die Ladenbesitzer bei der Gestaltung des Supermarktes und geben Tipps, wie die Waren präsentiert und platziert werden sollen. Aus diesem Grund sehen viele Supermärkte ähnlich aus.

Beim Eingang sind meistens die Gestelle für Früchte und Gemüse. Vieles wird ohne Verpackung präsentiert, damit man es selber auswählen kann. Die Früchte und das Gemüse werden häufig mit speziellem Licht beleuchtet, damit alles frisch und appetitlich aussieht. Damit sich die Kunden im Supermarkt gut orientieren können, sind die Produkte einer Warengruppe jeweils im gleichen Regal zu finden. Es gibt Regale für Konserven, für Milchprodukte, für Putzmittel, für Papeterieartikel usw. In der Brotabteilung werden vorproduzierte Brote fertig ausgebacken. Deshalb duftet es hier nach frischem Brot. Dieser Duft regt den Appetit der Kunden an, und wer Appetit hat, kauft mehr ein. Die Milch- und die Fleischabteilung sind oft weit hinten im Laden. Und auf dem langen Weg durch den Laden kauft man dann noch andere Sachen ein, die man eigentlich nicht kaufen wollte.

Früchte und Gemüse
laden zum Auswählen ein.

Grosse Tafeln zeigen,
wo welche Produktegruppen sind.

Wenn man in einem Regal etwas sucht, schaut man zuerst auf Augenhöhe. Darum befinden sich dort die meistverkauften Produkte und die Aktionen. Die teureren Sachen stehen weiter oben, die günstigeren weiter unten. So muss man sich bücken, wenn man etwas Günstigeres kaufen möchte. Aktionen findet man nicht nur in den Regalen, sondern auch in den Gängen. Hier kommen alle vorbei, und die hoch aufeinandergetürmten Waren sind nicht zu übersehen. Auf grossen Plakaten steht in leuchtenden Farben geschrieben, dass die Waren für kurze Zeit günstiger verkauft werden. Weil die Menschen Geld sparen möchten, kaufen sie bei Aktionen manchmal mehr, als sie eigentlich kaufen wollten. Im Supermarkt sind die Waren fast nie mit ganzen Frankenbeträgen angeschrieben. Wenn ein Produkt ungefähr zehn Franken kostet, wird es eher zum Preis von Fr. 9.90 als zum Preis von Fr. 10.– verkauft. Denn die Preise sollen immer günstig wirken, damit der Kunde mehr einkauft.

Wenn man fertig eingekauft hat, steht man vor der Kasse und wartet, bis man bezahlen kann. Warten ist natürlich langweilig, und man schaut sich die Angebote in den Gestellen an. Sehr oft findet man hier allerlei Süssigkeiten. Viele Leute kaufen dann nochmals etwas, was sie eigentlich gar nicht kaufen wollten. Oft kann man auch hören, wie Kinder mit ihren Eltern diskutieren, weil sie unbedingt noch Süssigkeiten haben wollen.

Grosse, farbige Preisschilder weisen auf besondere Aktionen hin.

Süssigkeiten in den Regalen vor der Kasse verlocken zum Zugreifen.

Sheriban Shala, Verkäuferin

19–20

1 Mein Arbeitstag beginnt früh. Ich stehe um 4.45 Uhr auf,
und um 5.45 Uhr bin ich im Supermarkt. Um 6 Uhr wird
der Laden geöffnet. Meine beiden Kolleginnen und ich
haben nur wenig Zeit, um alles einzurichten und die Kasse
5 bereit zu machen. Um diese Zeit kommen noch nicht viele
Kunden, und wir haben Zeit, um die Regale aufzufüllen.
Ich bin für die Früchte und das Gemüse verantwortlich.
Zuerst hole ich die Ware aus dem Kühlraum und kontrolliere sie. Verdorbene Ware sortiere ich aus, und meistens
10 muss ich beim Salat welke Blätter wegnehmen. Ich liebe
es, Früchte und Gemüse schön auszulegen. Die Ware muss
immer frisch sein, denn Früchte und Gemüse sind
die Visitenkarte eines Supermarktes. Wenn Waren an-
geliefert werden, nehme ich sie an und packe sie aus.
15 Ich kontrolliere, ob alles stimmt. Ich bin auch für die
Bestellungen für die nächsten Tage zuständig. An der Kasse
wechseln wir uns ab. Es ist nämlich sehr anstrengend,
mehrere Stunden an der Kasse zu arbeiten. Wenn man
müde ist, macht man mehr Fehler, und dann stimmt
20 am Schluss die Kasse nicht!

Ich arbeite von Montag bis Samstag, von 5.45 bis 13 Uhr.
Das ist für mich ein Vorteil, weil ich so den Nachmittag
mit meinen beiden Kindern verbringen kann. Nachteile sehe
ich eigentlich keine an meiner Arbeit.

25 Wenn meine Kinder einmal gross sind, würde ich gerne
einen eigenen Laden führen. Das wäre schön.

Bruno Giovanettoni, Gemüseimporteur

1 In unserem Unternehmen arbeiten 35 Angestellte.
Wir importieren Früchte und Gemüse aus ganz Europa.
Weil im Winter in der Schweiz fast keine Gemüse und
Früchte wachsen, kaufen wir in wärmeren Ländern ein,
5 zum Beispiel in Spanien, in Italien oder in der Türkei.
Im Sommer kaufen wir vor allem im Inland ein. Die Ware
wird mit grossen Lastwagen direkt zu uns transportiert
und von den Rüstern für die Verteilung vorbereitet.
Das dauert den ganzen Tag. Um 1 Uhr nachts kommen
10 die ersten Chauffeure. Sie laden die vorbereitete Ware auf
ihre Lastwagen und beliefern unsere Kunden. Das sind
Hotels, Grossküchen und Supermärkte. Bei uns wird täglich
24 Stunden gearbeitet. Wir fangen am Sonntagmorgen
um 7.30 Uhr an und arbeiten rund um die Uhr während
15 der ganzen Woche bis am Samstagmittag. Früher begann
mein Arbeitstag morgens um 2 Uhr, heute beginne ich
um 8 Uhr. Zuerst prüfe ich die Angebote, die ich meistens
per Mail bekomme, und entscheide, was wir brauchen.
Bis am Mittag verhandle ich am Telefon mit verschiedenen
20 Firmen und kaufe ein. Am Nachmittag stelle ich die
Bestellungen zusammen, schreibe Rechnungen und erledige
andere Büroarbeiten. Ich arbeite bis etwa um 19 Uhr.

Für mich gibt es in meinem Beruf keine Nachteile.
Ich mache alle Arbeiten im Betrieb gerne, auch heute noch.
25 Von meinem Alter her müsste ich nicht mehr arbeiten,
aber ich habe Freude daran.

Unterdessen habe ich meine Importfirma verkauft, und
nächstes Jahr werde ich mich ganz aus der Firma zurück-
ziehen. Ich besitze aber noch eine Immobilienfirma.
30 Wir kaufen und verwalten Häuser, da gibt es viel zu tun.
Das ist gut für mich, denn ich kann nicht einfach nichts tun.

Einen Zopf flechten

das Mehl   das Salz   die Milch

die Butter   die Hefe

Zopfflechtvers

Arme kreuzen rot über blau,
Enden fassen, ganz genau.
Rot zurück und blau zurück,
Enden lassen, bri bra brück.

Blau nach vorne, rot zum Bauch,
Enden fassen, halten auch.
Blau zum Bauch und rot nach vorn,
Enden lassen, Vers von vorn.

1. Eine rote Wäscheklammer an den rechten Ärmel und
   eine blaue Wäscheklammer an den linken Ärmel klemmen.
   Den Vers zum Zopfflechten auswendig lernen.

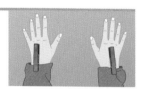

2. Aus dem Zopfteig zwei gleich lange Stränge formen.
   Die Stränge in der Mitte ein bisschen dicker formen als
   an den Enden.

3. Einen Strang parallel zur Tischkante auf den Tisch legen.
   Den anderen Strang in der Mitte gekreuzt darüberlegen.

4. Den Vers sagen und dazu flechten.

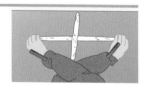

5. Den geflochtenen Zopf auf ein Backblech legen, mit Eigelb
   bestreichen und 30 min aufgehen lassen.
   Den Zopf bei 220°C etwa 40 min in der Ofenmitte backen.

Schreib einen Bericht. Benütz dabei den Schreibauftrag aus dem Zusatzmaterial.

Von früher hören

Magdalena Maspoli und Heinz Aebersold erzählen über die Einkaufsgewohnheiten in ihrer Kindheit.

★ Magdalena Maspoli wuchs in einer Grossstadt in einem Laden auf.

✖ Sie musste täglich einkaufen gehen.

✿ Das Geld dafür bekam sie von ihrem Vater aus der Ladenkasse.

Lebensmittel kaufte sie in den verschiedenen kleinen Läden im Quartier ein.

▲ Gemüse und Früchte bekam die Familie von Verwandten. Getragene Kleider und Schuhe ebenfalls.

Magdalena liebte es, wenn sie im Laden mithelfen durfte.

☾ Ein einziges Mal bekam sie ein neues Kleid. Darauf war sie ganz stolz.

★ Heinz Aebersold wuchs in einem Dorf auf.

✖ Ausser am Sonntag gingen er, seine Mutter oder sein Bruder jeden Tag einkaufen.

✿ Sie nahmen eine Einkaufstasche aus Stoff mit.

Im Dorf gab es viele kleine Läden. Dort kauften sie Lebensmittel ein.

▲ Gemüse hatte die Familie aus ihren Gärten. Schuhe und Kleider kaufte sie in der Stadt ein.

Einmal machte Heinz einen Blödsinn und blamierte sich damit.

☾ Jeweils Ende Jahr brachte er stolz 10 Franken auf die Bank.

Musik aus der Tiefkühltruhe

1 Am Freitag wollte Frau Pelli mit den Kindern in der Schule
Zöpfe backen. Deshalb gab sie am Donnerstag Ibrahim,
Lena und Lili den Auftrag, im Supermarkt alle Zutaten
einzukaufen, die es für den Zopfteig braucht. Frau Pelli
5 gab Ibrahim die Einkaufsliste, Lena das Geld und
jedem Kind eine Tasche. «Ihr müsst ziemlich viel tragen,
teilt das Gewicht auf. Und zieht eure Jacken an,
draussen ist es kalt!», sagte sie.

Unterwegs bemerkte Lena, dass in ihrer Tasche etwas hin
10 und her rutschte. Sie schaute in die Tasche und entdeckte
darin eine kleine Dose mit einer Kurbel aus Metall.
«Eine Musikdose», wunderte sich Lena. Ibrahim freute sich:
«Die hat Frau Pelli doch einmal gebraucht, als sie uns eine
Geschichte vorgelesen hat. Erinnert ihr euch an die
15 Melodie?» Sie hatte ihm gut gefallen. Er konnte sie sogar
noch pfeifen. Lena zog die Musikdose auf und legte sie
in die Tasche zurück. Während die drei Kinder zum
Supermarkt gingen, hörte man die Musik aus der Tasche.

Im Supermarkt angekommen, zog Lena die Musikdose
20 nochmals auf. Sie stellte die Tasche mit der laufenden
Musikdose in einen Einkaufswagen und schob den Wagen
vor sich her. Eine Frau schaute verwundert auf
den klingenden Einkaufswagen. Da hatte Lili eine Idee.
Unauffällig stellte sie die laufende Musikdose in ein Gestell
25 mit Konservendosen. Als kurz darauf ein Kunde vorbeikam,
schaute dieser verwundert zum Gestell. «Raviolimusik?»,
fragte er und grinste die Kinder an. Ibrahim, Lena und
Lili taten, als wüssten sie von nichts. Erst als der Mann
hinter dem nächsten Gestell verschwunden war,

30 lachten die drei laut. Lili nahm die Musikdose rasch wieder
aus dem Gestell, und die Kinder gingen weiter.

Beim nächsten Gestell suchten sie das Mehl. Lili entdeckte
die Verzierungen für Torten und daneben die kleinen Kerzen
für Geburtstagskuchen. Sie zog die Musikdose auf und
35 versteckte sie bei den Kerzen. Eine vorbeigehende Kundin
meckerte: «Jetzt gibt es also auch noch klingende Kerzen!
Das ist wirklich das Letzte, was der Mensch braucht,
so ein unnützer Krimskrams ...»

Als Nächstes standen Butter und Milch auf der Einkaufsliste.
40 Als Ibrahim, Lena und Lili an den Tiefkühltruhen vorbei-
kamen, wollte Lili die Musikdose unbedingt auch noch dort
verstecken. Ein Mann, der gerade telefonierte, kam mit
seiner kleinen Tochter vorbei. Das Mädchen hörte die Musik
und zupfte den Vater am Ärmel. Der Vater beachtete
45 das Kind jedoch nicht und telefonierte weiter. Endlich hatte
er fertig gesprochen und folgte dem Mädchen zur Tiefkühltruhe. Dort entdeckte er die Musikdose und wunderte sich:
«Wie kommt denn die hierher?» Lili erschrak. Was sollte
sie tun, wenn der Mann die Musikdose mitnahm?
50 Die Musikdose gehörte doch Frau Pelli. Lili fasste sich
ein Herz und sprach den Mann an: «Entschuldigen Sie,
das ist meine Musikdose. Ich wollte ausprobieren, ob sie
auch in der Kälte funktioniert. Als Experiment sozusagen.»
Der Mann schaute Lili verwundert an und reichte ihr
55 die Musikdose. «Sie können das ja auch ausprobieren,
mit ihrem Telefon», sagte Lili. Der Mann lachte und sagte:
«Das brauch ich nicht auszuprobieren. Mein Telefon
funktioniert auch draussen in der Kälte!»

Vom Hausbau

Warum fällt eigentlich ein Hochhaus nicht um?
Seite 38–39

Astrid Heymann, Architektin
Seite 40

Thomas Hunold, Maurer
Seite 41

So hoch wie möglich bauen
Seite 42

Über Traumhäuser sprechen
Seite 43

Die neue Wohnung
Seite 44–45

6 Einfamilienhäuser
AB

WC

BAULEITUNG

ADDA

Warum fällt eigentlich ein Hochhaus nicht um?

Fast alles, was steht, kann umfallen. Wenn man einen Bleistift aufstellt und ganz fein anbläst, kippt er um. Bei einem Spielwürfel wird es schon schwieriger, ihn mit Blasen zum Kippen zu bringen. Wenn ein starker Wind bläst, kann vieles umfallen. Aber warum fallen Häuser nicht um? Manche Gebäude sind sehr hoch, und dennoch kippen sie nicht um, auch wenn es noch so stürmt. Die höchsten Gebäude der Welt sind heute bis zu 800 m hoch, und auch sie stehen stabil und kippen nicht um. Warum ist das so?

Im Prinzip ist es wie bei einem Bleistift. Stellt man ihn auf den Tisch, braucht es ganz wenig, bis er umfällt. Steckt man den Bleistift in die Erde, bleibt er stehen, auch wenn man ganz fest bläst. So ist es auch bei einem Gebäude. Es muss gut im Boden verankert sein. Die Bauingenieurinnen berechnen genau, wie das Gebäude gebaut werden muss, damit es stabil ist und nicht kippen kann.

Jeder Hausbau beginnt damit, dass man ein tiefes Loch in den Boden gräbt. In diese Baugrube legt man zuerst eine waagrechte Schicht aus Beton und Eisen. Diese Schicht nennt man Fundament. Die Bauingenieure berechnen, wie dick das Fundament sein muss. Je höher das Haus ist, umso stärker muss das Fundament sein. Wenn der Boden weich ist, bohrt man lange Betonpfähle in den Boden und verbindet das Fundament mit diesen Pfählen. Sie wirken wie tiefe Wurzeln und machen das Gebäude stabil. Auf einem harten Boden

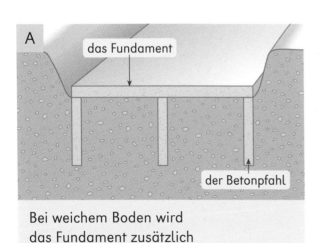

A · das Fundament · der Betonpfahl

Bei weichem Boden wird das Fundament zusätzlich mit Betonpfählen verankert.

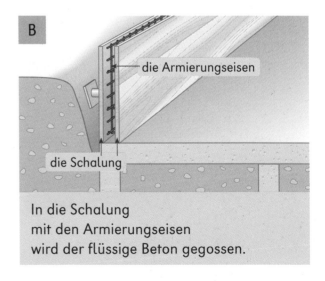

B · die Armierungseisen · die Schalung

In die Schalung mit den Armierungseisen wird der flüssige Beton gegossen.

dagegen genügt ein Fundament ohne Betonpfähle.

Auf das Fundament baut man zuerst die tragenden Wände. Man baut sie aus Beton, weil Betonwände stabiler sind als Wände aus Backsteinen. Die Dicke der Betonwände wird ebenfalls von Bauingenieurinnen berechnet. Diese Wände stehen senkrecht auf dem Fundament. Da frisch gemischter Beton flüssig ist, baut man zuerst mit Brettern eine Art Kiste, die so gross ist wie die Wand. Man nennt das die Schalung. In die Schalung stellt man Stäbe aus Eisen, die Armierungseisen. Danach giesst man den flüssigen Beton in die Schalung und lässt ihn hart werden. Am Schluss wird die Schalung wieder entfernt, und die Wand steht. In einem Gebäude

tragen die unteren Wände mehr Gewicht als die oberen. Deshalb baut man die unteren Wände dicker als die oberen. Die tragenden Wände stehen im rechten Winkel zueinander. So stabilisieren sie das Gebäude am besten.

Betonwände machen das Haus stabil, können viel Gewicht tragen und brennen nicht. Deshalb sind der Keller, die Decken, der Liftschacht und das Treppenhaus meistens aus Beton gebaut.

Gebäude sind zwar stabil gebaut, sie sind aber gleichzeitig auch leicht elastisch. Deshalb schwanken Gebäude bei starkem Wind leicht. Dieses Schwanken bemerkt man nicht. Nur in den obersten Stockwerken eines Hochhauses kann man es ein wenig spüren.

Weil die unteren Wände mehr Gewicht tragen als die oberen, baut man sie dicker.

Wände aus Beton können viel Gewicht tragen und brennen nicht. Zudem machen sie das Haus stabil.

Astrid Heymann, Architektin

3 – 4

1 Als Architektin muss ich genau verstehen, was ein Auftraggeber will und mag. Zudem müssen die Baugesetze
eingehalten werden, und das Gebäude darf nicht zu teuer
sein. Die Menschen, die darin leben und arbeiten,
5 sollen sich wohlfühlen. Man baut schliesslich immer für
Menschen. Als Architektin habe ich mit vielen Partnerinnen
und Partnern zu tun. Neben den Besprechungen mit den
Auftraggebenden arbeite ich mit Bauingenieuren, Elektro-
planerinnen, Sanitärplanerinnen, mit dem Kostenplaner
10 und anderen Fachleuten zusammen. Beim Entwerfen und
Bauen arbeitet man immer im Team. Manchmal lässt
ein Auftraggeber mehrere Architekturbüros gleichzeitig
Entwürfe entwickeln, aber nur einer dieser Entwürfe
wird am Schluss gebaut. Wenn ich an einem solchen
15 Wettbewerb mitarbeite, eilt es immer. Oft arbeitet man
dann bis in die Nacht hinein. Auch sonst sind meine
Arbeitszeiten verschieden. Wer im Bausektor arbeitet,
muss mit unregelmässigen Arbeitszeiten rechnen.

Ein neues Gebäude zu entwerfen, ist faszinierend. Es gefällt
20 mir, vom ersten Entwurf bis zum fertigen Gebäude dabei
zu sein. Vor einem Gebäude zu stehen, das vorher nur
auf den Plänen zu sehen war, ist ein fantastisches Gefühl.
Ein grosser Nachteil ist der Stress bei Wettbewerben.
Immer will man die Entwürfe noch besser machen, aber
25 dafür hat man zu wenig Zeit. Und wenn man nicht gewinnt,
ist die Enttäuschung gross, weil man etwas geplant hat,
was nie gebaut wird.

Ich möchte immer etwas mit Häusern zu tun haben. Vielleicht werde ich einmal Hausbesitzer beraten. Da könnte
30 ich mein grosses Wissen einbringen, zum Beispiel wenn sie
unsicher sind, wann ihr Gebäude renoviert werden sollte.

4

Thomas Hunold, Maurer

1 Im Sommer stehe ich um 5.30 Uhr auf. Um 6 Uhr bin ich
im Magazin, wo ich die Werkzeuge und Materialien
für den Arbeitstag bereitstelle. Ich lade den Lastwagen
und fahre dann auf die Baustelle. Am liebsten baue ich
5 Mauern mit Natursteinen. Aber auch diese Mauern
brauchen ein Betonfundament. Darauf baue ich dann
zum Beispiel eine Bruchsteinmauer. Das ist eine Mauer
aus Steinen, die nicht geschnitten, sondern gebrochen
werden. Darum ist ihre Oberfläche rau, und die Mauer
10 sieht natürlich aus. Am Morgen mache ich jeweils
eine Viertelstunde Znünipause. Am Mittag mache ich
eine halbe bis eine ganze Stunde Pause, und etwa
um 17.30 Uhr ist Feierabend. Manchmal muss ich noch
eine Arbeit fertig machen, dann wird es eben später.
15 Bei schlechtem Wetter sind Arbeiten draussen nicht gut
möglich, deshalb räume ich dann das Magazin auf,
oder ich erledige liegen gebliebene Büroarbeiten wie
Offerten und Rechnungen schreiben. Ich mache
auch Baueingaben und verhandle mit den Behörden,
20 darum muss ich die Baugesetze gut kennen.

Mir gefällt, dass meine Arbeit so vielfältig ist und ich viele
Entscheidungen selber treffen kann. Ein Nachteil meines
Berufes ist, dass man vom Wetter abhängig ist und manch-
mal nicht so vorwärtskommt, wie man es geplant hat.

25 Für die Zukunft wünsche ich mir vor allem gute Gesundheit.
Solange ich gesund und motiviert bin, möchte ich nämlich
mit meiner Firma so weiterarbeiten wie bisher. Ich wünsche
mir nichts anderes. Mein Werdegang war gut, und ich
würde meinen Berufsweg wieder so machen.

So hoch wie möglich bauen

z

der Eschenbergturm
Höhe: 30 m

der Eiffelturm
Höhe: 324 m

Hochhäuser im Bau
Höhe: bis 457 m

ein Wolkenkratzer
Höhe: 818 m

1. Sieben Zahnstocher und ein Blatt Papier bereitlegen.

2. Ein daumengrosses Stück Knete dazulegen.

3. Das Papier als Unterlage benützen. Mit den sieben
   Zahnstochern und der Knete so hoch wie möglich bauen.

Schreib einen Bericht. Benütz dabei den Schreibauftrag aus dem Zusatzmaterial.

Über Traumhäuser sprechen

43

Die neue Wohnung

1 Familie Isik wohnte in einer kleinen Dreizimmerwohnung,
in der sich Burim und sein jüngerer Bruder Murat ein
kleines Zimmer teilten. Sie schliefen in einem Kajütenbett,
Burim schlief oben und Murat unten. So blieb im Kinder-
5 zimmer ein bisschen freier Platz zum Spielen. Die Eltern
suchten schon lange nach einer grösseren Wohnung.
Endlich hatten sie etwas Passendes gefunden, das auch
bezahlbar war. Die neue Wohnung hatte vier Zimmer:
ein Wohnzimmer, ein Elternschlafzimmer und je ein eigenes
10 Zimmer für Burim und Murat.

Am Samstag konnte Familie Isik die neue Wohnung
besichtigen. Die Wohnung war in einem Neubau,
und überall standen noch Baumaterialien herum.
«Hoffentlich ist hier in einem Monat alles bereit»,
15 sagte die Mutter besorgt. «Dann ziehen wir nämlich ein.»

Die Eltern zeigten den Kindern ihre neuen Zimmer.
«Schaut mal, wie gross eure Zimmer sind», sagte der Vater.
«Ihr bekommt beide ein neues Bett und ein eigenes Pult,
und trotzdem habt ihr noch genug Platz zum Spielen.»
20 Burim strahlte vor Freude, aber Murat sah gar nicht
glücklich aus. «Gefällt dir dein neues Zimmer nicht?»,
fragte die Mutter. «Doch, doch», antwortete Murat
und begann plötzlich zu weinen. «Aber ich möchte mit
Burim zusammen im Zimmer sein», schluchzte er.

25 Die Eltern schauten sich an. Was sollten sie da sagen?
Endlich hatten sie eine Wohnung gefunden, in der beide
Kinder ein eigenes Zimmer haben konnten. Und jetzt freute
sich Murat gar nicht darüber. Die Mutter nahm Murat

in den Arm und tröstete ihn: «Du wirst dich schon daran
30 gewöhnen, du bist ja schon gross.» Aber Murat liess sich
nicht trösten. «Ich will in der alten Wohnung bleiben und
mit Burim zusammen im Zimmer sein», schluchzte er.

Am Abend vor dem Einschlafen sprachen Burim und Murat
über die neue Wohnung. Murat konnte sich einfach nicht
35 vorstellen, ganz allein in einem Zimmer zu schlafen.
«Aber die neue Wohnung ist doch schön», sagte Burim.
«Ja, schon», antwortete Murat, «aber ich will nicht alleine
schlafen!» Burim dachte nach. Er fand es eigentlich
auch meistens schön mit Murat zusammen, besonders am
40 Abend, wenn sie im Bett lagen und miteinander redeten.
Aber er war auch froh, dass es in der neuen Wohnung mehr
Platz gab. Manchmal wollte er gerne für sich allein sein
oder mit einem Freund spielen, ohne dass der kleine Bruder
dabei war.

45 Plötzlich hatte Burim eine Idee, und er erklärte Murat,
was ihm eben eingefallen war. Die beiden stiegen aus
dem Kajütenbett und gingen zu den Eltern ins Wohnzimmer.
Sie erzählten, was sie besprochen hatten. Sie wollten
auch in der neuen Wohnung zusammen in einem Zimmer
50 schlafen und sogar das Kajütenbett behalten. «Ins andere
Zimmer stellen wir unsere Pulte und die Spielsachen.
So haben wir ein Schlafzimmer und ein Spielzimmer»,
erklärte Burim. Die Eltern waren einverstanden.
Endlich konnte sich auch der kleine Murat auf die neue
55 Wohnung freuen. «Können wir nicht schon morgen
umziehen?», fragte er.

Vom Abwasser

Was geschieht eigentlich mit dem schmutzigen Wasser?
Seite 48 – 49

Elvira Keller, Chemikerin
Seite 50

Martin Buser, Klärwärter
Seite 51

Wasser filtern
Seite 52

Über eine Schule ohne Wasser und Strom sprechen
Seite 53

Wie du mir, so ich dir
Seite 54 – 55

Vom Abwasser

Was geschieht eigentlich mit dem schmutzigen Wasser?

Aus allen Badezimmern und Küchen fliesst schmutziges Wasser in die Abwasserkanäle. Bei uns verbraucht ein Mensch durchschnittlich 160 l Wasser pro Tag fürs Waschen, Kochen und beim Spülen des WCs. Natürlich entsteht auch schmutziges Wasser in Fabriken und in Autowaschanlagen. Auch auf den Strassen entsteht schmutziges Wasser, wenn es regnet oder wenn der Schnee schmilzt. Dann fliesst sehr viel Abwasser in die Kanalisation.

Noch vor 50 Jahren floss viel schmutziges Wasser direkt in die Flüsse und Seen. Deshalb konnte man in vielen Gewässern gar nicht baden. Heute ist es bei uns zum Glück nicht mehr so. Fast das ganze Abwasser aus Häusern, Fabriken und von den Strassen wird in eine Kläranlage gepumpt, wo es gereinigt wird. Erst nach der Reinigung wird das Wasser in einen Fluss oder in einen See geleitet.

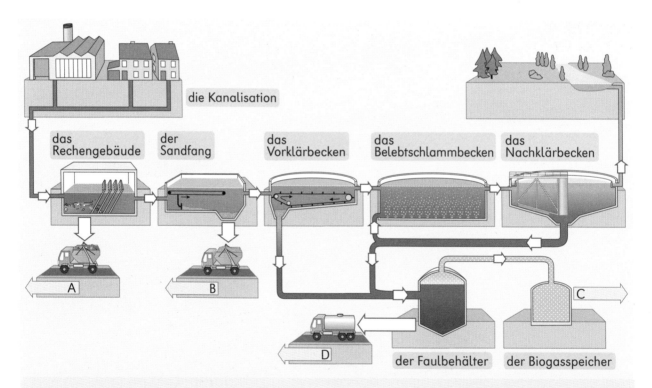

die Kanalisation

das Rechengebäude — der Sandfang — das Vorklärbecken — das Belebtschlammbecken — das Nachklärbecken

A — B — C — D

der Faulbehälter — der Biogasspeicher

A: Grobe Abfälle werden in die Kehrichtverbrennungsanlage transportiert.

B: Sand und Kies werden in eine Deponie transportiert.

C: Das Biogas wird für Gasheizungen und Gasmotoren genutzt.

D: Der Rest des Klärschlamms wird in die Kehrichtverbrennungsanlage transportiert.

In der Kläranlage wird das schmutzige Wasser durch mechanische und biologische Verfahren in sauberes Wasser umgewandelt. Die Kläranlage ist so etwas wie eine Waschmaschine für Abwasser.

Die erste Station in der Kläranlage ist das Rechengebäude. Im Abwasser fliessen auch kleine und grössere Gegenstände mit, die statt in den Abfall ins WC geworfen wurden, so zum Beispiel Katzenstreu, Wattestäbchen oder Babywindeln. Diese groben Abfälle sinken ab oder bleiben an den Rechen hängen. Sie werden ausgebaggert und in die Kehrichtverbrennungsanlage gebracht.

Die zweite Station ist der Sandfang. Das Abwasser fliesst ganz langsam durch dieses grosse Becken. Hier sinken Sand und Kies ab und werden später in eine Deponie gebracht.

Die dritte Station ist das Vorklärbecken. Auch durch dieses Becken fliesst das Wasser ganz langsam. Die feinen Stoffe, die noch im Wasser schweben, setzen sich hier ab. Das Fett und Öl, das auf der Wasseroberfläche schwimmt, wird ebenfalls hier entfernt.

Die vierte Station ist das Belebtschlammbecken. In diesem Becken fressen Milliarden von Bakterien, die wie Schlamm aussehen, den restlichen Dreck im Wasser auf. Damit diese Bakterien arbeiten können und nicht absinken oder absterben, muss ständig Sauerstoff ins Wasser gepumpt werden.

Die fünfte Station ist das Nachklärbecken. Hier fliesst das Wasser wieder ganz langsam, und der Bakterienschlamm sinkt ab.

Jetzt ist das Wasser fast vollständig gereinigt und kann in einen Fluss oder See geleitet werden. Ganz sauber ist das Wasser aber nicht, denn es enthält immer noch kleine Spuren von unerwünschten Stoffen, zum Beispiel von Medikamenten oder von Waschmitteln.

Der Schlamm, der bei der Abwasserreinigung entsteht, wird zum Faulbehälter gepumpt. Hier fault er, und weil kein Sauerstoff im Faulbehälter ist, entsteht Biogas. Dieses wird für Gasheizungen oder Gasmotoren verwendet. Der Rest des Schlamms wird abtransportiert und in einer Verbrennungsanlage verbrannt.

Elvira Keller, Chemikerin

10–11

1 Das Trinkwasser muss regelmässig kontrolliert werden,
weil es nichts darin haben darf, was die Menschen krank
macht. Wir kontrollieren die Wasserproben mit Geräten,
die fast alle an einem Computer angeschlossen sind.

5 Die Ergebnisse prüfen wir genau, denn auch Geräte
können Fehler machen. In diesen Fällen wiederholen wir
die Kontrollen. Wenn mein Mann mit unserem Sohn
zu Hause bleibt, stehe ich um 5 Uhr auf und bin schon
um 6.30 Uhr im Labor. Um diese Zeit ist es im Büro noch

10 ruhig, da kann ich ungestört und konzentriert arbeiten.
Ich plane, welche Wasserprobe wann geprüft wird und
wer was macht. Wenn wir ein Gerät ersetzen müssen,
prüfe ich die Vor- und Nachteile von neuen Geräten.
Ich bin nämlich für das ganze Labor verantwortlich.

15 Um ca. 7.30 Uhr treffen die Mitarbeitenden ein, das sind
5 Laborangestellte und 3 Lehrlinge. Meistens braucht
mich jemand, um ein Problem an einem Gerät zu lösen.
Ich bin viel im Labor unterwegs und schaue, ob alles
rundläuft und wie weit die Arbeiten sind. Und natürlich

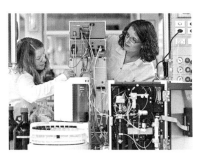

20 betreue ich die Lehrlinge. Wir besprechen Themen
aus ihrem Unterricht an der Berufsfachschule oder Fragen
vor einer Prüfung. Am Mittag essen wir meistens zusammen
im Personalrestaurant. Feierabend habe ich um 17 Uhr,
wenn ich am Morgen früh beginne.

25 An meiner Arbeit gefällt mir, dass sie so vielseitig ist.
Und wir haben eine sehr gute Arbeitsstimmung.
Doch es gibt auch Aufgaben, die ich nicht so gerne mache,
zum Beispiel seitenlang Ergebnisse kontrollieren.
Aber ich trage die Verantwortung und muss es machen.

30 Ich habe keine Änderungswünsche für die Zukunft, für mich
stimmt es so, wie es jetzt ist. Mir gefällt es sehr gut hier.

Martin Buser, Klärwärter

12–13   21

1 Morgens beginne ich um 5.40 Uhr und arbeite bis 16 Uhr
durch. Am Anfang machte ich noch eine Mittagspause,
aber ständig war etwas los, und ich musste mein Essen
stehen lassen. Darum mache ich jetzt keine Mittagspause
5 mehr. Ich arbeite im Rechengebäude. Dort fliesst
das Abwasser in die Becken, wo die schweren Sachen
auf den Boden sinken und die leichteren Abfälle an den
Rechen hängen bleiben. Jeden Morgen baggere ich
alle diese groben Abfälle mit dem Kran aus und werfe sie
10 in die Mulden. Das mache ich gern. Wenn die Mulden
geleert werden müssen, fordere ich per Telefon einen
Muldenlastwagen an. Wenn es irgendwo eine Störung gibt,
muss ich diese so schnell wie möglich beheben. Vieles kann
ich selber erledigen, aber manchmal muss ich unseren
15 Mechaniker rufen. Am liebsten fahre ich mit dem Hallen-
kran herum. Ich zeige auch neuen Mitarbeitern und
meinen Stellvertretern, wie man ihn bedient. Das ist nämlich
gar nicht so einfach.

Meine Arbeit ist abwechslungsreich, und das Arbeitsklima
20 ist sehr gut. Wir können uns aufeinander verlassen.
Wir sind wie eine kleine Familie und sprechen miteinander
auch über Privates. Ein Nachteil dieser Arbeit ist sicher,
dass es stark riecht. Wenn man nach den Ferien zurück-
kommt, ist es schon etwas unangenehm. Aber nach
25 2 Arbeitstagen hat man sich wieder daran gewöhnt.

Für meine berufliche Zukunft habe ich keine grossen Pläne
mehr, schliesslich werde ich in wenigen Jahren pensioniert.
Aber ich hoffe, dass ich bis zu meiner Pensionierung hier
weiterarbeiten kann. Das ist mein Wunsch.

Wasser filtern

z

Das gefilterte Wasser ist ...

... klar.   ... trüb.

Im gefilterten Wasser hat es ...

... schwimmende Partikel.   ... schwebende Partikel.   ... gesunkene Partikel.

| 1. | Schmutzwasser herstellen: Einen gehäuften Esslöffel Blumenerde in einen Liter Wasser geben und umrühren. |  |

| 2. | In den Boden eines Plastikbechers mit der Ahle fünf Löcher machen. |  |

| 3. | Als Filter ein Stück Gaze, Stoff usw. locker über den Becher hängen und mit Gummiband befestigen oder Watte oder Sand usw. in den Becher füllen. | Gaze / Watte |

| 4. | Ein durchsichtiges Gefäss unter den Filter stellen. Eine Tasse Schmutzwasser in den Filter giessen. Das gefilterte Wasser beschreiben und in einer Tabelle protokollieren. |  |

Schreib einen Bericht. Benütz dabei den Schreibauftrag aus dem Zusatzmaterial.

Über eine Schule ohne Wasser und Strom sprechen

Wie du mir, so ich dir

1 Am Montag machte die Klasse von Frau Pelli Experimente
mit Schmutzwasser. Die Kinder hatten in der voran-
gehenden Woche darüber gesprochen, wie eine Kläranlage
funktioniert. Nun probierten sie selber aus, wie man
5 schmutziges Wasser reinigen kann. Das Schmutzwasser
stellten sie aus Wasser und Blumenerde her. Zur Reinigung
testeten sie verschiedene Filter.

Amélie hatte das Schmutzwasser bereits mit Kieselsteinen,
Sand, Stoff und Watte gefiltert und ihre Beobachtungen
10 aufgeschrieben. Als sie gerade überlegte, welchen Filter
sie nun testen wollte, entdeckte sie auf dem Pult von
Frau Pelli eine Tasse mit kaltem Kaffee. Da hatte Amélie
eine Idee. «Ich habe schon viermal Schmutzwasser
gefiltert», sagte sie zu Frau Pelli. «Darf ich es jetzt auch
15 noch mit Ihrem Kaffee versuchen?» Frau Pelli war
einverstanden. «Schreib wieder deine Beobachtungen auf,
damit du nachher berichten kannst, wie es funktioniert hat»,
sagte sie.

Amélie wählte einen neuen Filter aus, um das Experiment
20 mit dem Kaffee durchzuführen. Aber eigentlich interessierte
es sie gar nicht, was dabei herauskommen würde.
Sie führte nämlich etwas anderes im Schild. Sie holte David
an ihren Tisch und fragte ihn: «Glaubst du mir, dass ich
dieses Schmutzwasser trinke?» David grinste: «Das machst
25 du niemals.» Aber da hatte Amélie schon einen grossen
Schluck aus der Tasse genommen.

«Igitt! So eklig», rief David laut. «Das kann man doch
nicht trinken!» Alle schauten zu David und Amélie.
«Was ist denn bei euch los?», fragte Frau Pelli streng.

30 David erzählte, dass Amélie von der braunen Flüssigkeit
getrunken hatte. Alle Kinder schauten entsetzt zu Amélie.
«Ich habe dir meine Tasse nicht gegeben, damit du daraus
trinkst», schimpfte Frau Pelli. Und zu David sagte sie:
«Riech einmal an der braunen Flüssigkeit. Dann merkst
35 du etwas.» Als David an der Tasse schnupperte,
roch er sofort, dass es Kaffee war. «Da ist ja Kaffee drin!»,
rief David. Die anderen Kinder lachten, und auch Frau Pelli
musste lachen. David war klar, dass Amélie ihn herein-
gelegt hatte. Deshalb beschloss er, Amélie ebenfalls
40 einen Streich zu spielen.

Zu Hause suchte David seine Schachtel mit Plastilin.
Er nahm ein Stücklein weisses Plastilin und machte mit
den Fingernägeln Abdrücke in die Oberfläche. Nun sah
es aus wie ein gekauter Kaugummi. Am andern Tag klebte
45 David das Plastilinstücklein auf Amélies Stuhl. Als Amélie
ins Schulzimmer kam und den vermeintlichen Kaugummi
entdeckte, rief sie empört: «Igitt! So eklig! Jemand hat
einen Kaugummi auf meinen Stuhl geklebt.» Sofort
waren mehrere Kinder bei Amélies Stuhl. «Wirf doch
50 den Kaugummi einfach in den Papierkorb», schlug
Karin vor. Aber Amélie wollte das eklige Stück auf keinen
Fall anfassen. Da mischte sich David ein: «Du bist
aber zimperlich. Mir macht das gar nichts aus.» Er kratzte
den vermeintlichen Kaugummi vom Stuhl und warf ihn
55 in den Papierkorb. Die andern Kinder waren beeindruckt
und schauten David anerkennend an. «So was ist doch
kein Problem», sagte David zufrieden. «Wo kämen wir hin,
wenn alle so zimperlich wären.»

Ein Krimi

Kapitel 1:
Ein verdächtiger Fund
Seite 58 – 59

Kapitel 2:
Das Detektivbüro
Seite 59

Kapitel 3:
Eine Spur
Seite 60 – 61

Kapitel 4:
Ein Plan
Seite 61

Kapitel 5:
In Gefahr
Seite 62 – 63

Kapitel 6:
Gute Arbeit
Seite 63

Kapitel 1: Ein verdächtiger Fund

1 Es war Freitag. Ibrahim hatte am
Nachmittag David, Karin und Amélie
auf dem Spielplatz getroffen. Das
Wetter war schön, und es waren viele
5 Kinder da. Gegen Abend fing es an
zu regnen, und der Spielplatz leerte sich.
David, Karin und Amélie machten sich
zu Fuss auf den Heimweg, und Ibrahim
eilte zu seinem Velo, das er beim Velo-
10 ständer auf dem Parkplatz abgestellt
hatte. Als er sein Velo aufschliessen
wollte, sah er etwas Glänzendes am
Boden liegen. Er hob es auf. Es war
ein Fotoapparat – dasselbe Modell,
15 wie seine Mutter besass. Ibrahim steckte
den Fotoapparat in seine Hosentasche.
«Wenn ich ihn hier lasse, wird er nass
und geht kaputt», dachte er. «Ich nehme
ihn besser mit, und morgen kann ich
20 ihn aufs Fundbüro bringen.»

Zu Hause angekommen, ging Ibrahim
in sein Zimmer. Seine Eltern waren noch
nicht da. Neugierig nahm er den Fotoapparat aus seiner Hosentasche und
25 versuchte, ihn einzuschalten. Tatsächlich
– es funktionierte. «Vielleicht kann ich
mit den Fotos herausfinden, wem der
Fotoapparat gehört», dachte Ibrahim.
Auf dem ersten Foto war ein Mädchen
30 zu sehen. Das Mädchen war etwa gleich
alt wie Ibrahim. Er kannte es aber nicht.
Als er das zweite Foto anschauen wollte,

stellte er fest, dass es ein Video war.
Ibrahim drückte auf «Play» und
35 sah wieder dasselbe Mädchen wie auf
dem Foto. Das Mädchen sang ein Lied.
Es konnte schön singen, aber weil
die Aufnahme schlecht war, verstand
Ibrahim nicht alles. Das Lied kam
40 ihm traurig vor. «Wo bin ich daheim?»,
hiess es gleich zweimal in der ersten
Strophe. Die zweite Strophe des Liedes
verstand Ibrahim nicht. Dafür konnte
er hinter dem Mädchen noch mehr
45 Personen erkennen. Es waren Kinder.
Eines davon weinte.

Ibrahim schaute sich die restlichen
Fotos an. Sie waren am Nachmittag
auf dem Spielplatz gemacht worden.
50 Auf einem Foto waren Ibrahim und David
auf der Schaukel. Auf einem anderen
sah man Karin und Amélie auf der
Rutschbahn. Dann gab es noch Fotos
von der Wiese, auf der sie mit anderen
55 Kindern Fussball spielten. Ibrahim
fand das seltsam. Warum hatte eine
fremde Person ihn und seine Freunde
fotografiert? War es überhaupt erlaubt,
einfach auf dem Spielplatz zu foto-
60 grafieren? Und das Mädchen mit dem
traurigen Lied? Was hatte die Person,
die fotografiert hatte, mit dem Mädchen
zu tun?

Ibrahim rief Karin an, die im selben
65 Haus wohnte. «Kannst du heute
noch kurz zu mir kommen?», fragte er.
«Wir müssen dringend etwas
besprechen.» Karin musste zuerst ihre
Hausaufgaben fertig machen. Aber
70 sie versprach, nach dem Nachtessen
vorbeizukommen. Als Karin klingelte,
hatten Ibrahim und seine Eltern
eben fertig gegessen. Die beiden Kinder
verschwanden in Ibrahims Zimmer.
75 Dort zeigte Ibrahim Karin den Fotoapparat. «Schau mal, was ich beim
Spielplatz gefunden habe! Da hat es

verdächtige Fotos drauf und auch
ein Video! Ich zeige dir alles, und dann
80 möchte ich wissen, was du darüber
denkst», sagte er mit ernster Miene.
Karin grinste: «Das sage ich Ihnen
gerne, Detektiv Ibrahim. Legen Sie los!»

Als Karin die Fotos und das Video
85 gesehen hatte, war sie ebenfalls ver-
unsichert. «Ich finde es auch seltsam,
dass uns jemand fotografiert, ohne dass
wir es wissen», sagte sie. «Und dann
das traurige Mädchen. Mir kommt das
90 alles auch verdächtig vor.»

Kapitel 2: Das Detektivbüro

16   29

Kapitel 3: Eine Spur

1 Am Samstag fuhren Ibrahim und sein
Vater mit dem Auto zum Supermarkt.
«Heute machen wir einen Grosseinkauf»,
sagte der Vater. «So müssen wir unter
5 der Woche weniger einkaufen.» Ibrahim
fand solche Einkaufstouren langweilig,
aber er musste jedes Mal mithelfen
und im Supermarkt die Plastikflaschen
entsorgen. Das war eine seiner Auf-
10 gaben im Haushalt.

Während der Vater mit einem Einkaufswagen durch den Supermarkt kurvte,
stand Ibrahim mit drei Papiertaschen
voller Plastikflaschen vor dem
15 Entsorgungscontainer. Ibrahim musste
die durchsichtigen PET-Flaschen von den
weissen Milchflaschen trennen.
«Mühsam, dass man diese blöden
Flaschen auch noch sortieren muss»,
20 dachte er.
Gerade als Ibrahim die erste Papier-
tasche geleert hatte, hörte er hinter sich
jemanden singen. Sofort erkannte er
die Melodie. Es war das gleiche Lied wie
25 im Video auf dem gefundenen
Fotoapparat. Ibrahim drehte sich um.
Hinter ihm war das Mädchen aus
dem Video! Es ging neben einer Frau her
und summte die traurige Melodie.
30 Ibrahim liess seine Papiertaschen stehen
und folgte den beiden mit klopfendem
Herzen. Die Frau ging mit dem Mädchen

eilig zum Parkplatz. Ibrahim entdeckte
schon von Weitem das schwarze Auto
35 mit der grünen Beschriftung.
‹Landscapes – Anastasia Müller›
stand da mit grossen Buchstaben.
Die Frau und das Mädchen stiegen
ins Auto und fuhren davon.

40 Ibrahim blieb stehen und dachte
einen Augenblick nach. Was sollte er
als Nächstes tun? Da fiel ihm ein,
dass sein Vater ihn vermutlich vermisste.
Ibrahim rannte zum Container zurück
45 und entdeckte dort seinen Vater
beim Entsorgen der restlichen Flaschen.
Der Vater war ziemlich verärgert.
«Was fällt dir ein?», schimpfte er.
«Ich habe dich gesucht und nur die
50 Taschen mit den Plastikflaschen
gefunden. Du kannst doch nicht einfach
weglaufen!» Was sollte Ibrahim sagen?
Als Detektiv hatte er dem Mädchen
und der Frau folgen müssen! Aber das
55 konnte er seinem Vater im Moment
nicht erzählen. Deshalb erlaubte er sich
eine Notlüge: «Ich musste plötzlich
ganz dringend aufs Klo.» Zum Glück gab
sich der Vater mit dieser Antwort
60 zufrieden.

Auf dem Parkplatz half Ibrahim seinem
Vater beim Einladen. Im Auto notierte er
das Wort ‹Landscapes› auf einen Zettel.

«Weisst du, was dieses Wort bedeutet?»,
65 fragte er seinen Vater. «Lernt ihr
so was in der Schule?», fragte der Vater.
«Das Wort ist englisch und bedeutet
Landschaften. Wirklich erstaunlich,
dass ihr schon solche Wörter lernt.»
70 «Und wie spricht man das Wort aus?»,
wollte Ibrahim wissen. «Ländskejps»,
antwortete der Vater. Ibrahim wollte

nicht mehr weiter über dieses Thema
sprechen. Schnell fragte er den Vater,
75 ob er kurz sein Handy benutzen dürfe.
Er wollte unbedingt Karin, David und
Amélie treffen. Ibrahim rief Karin an und
bat sie, die andern zu informieren.
«In einer halben Stunde treffen wir uns
80 bei mir», sagte Ibrahim ohne weiteren
Kommentar.

Kapitel 4: Ein Plan

Kapitel 5: In Gefahr

1 Nach einem zehnminütigen Spaziergang
waren die vier Kinder am Ziel. Sie
standen vor einem Gebäude und lasen
auf einem Firmenschild ‹Landscapes –
5 Anastasia Müller›. Das Gebäude lag
in einem Garten, umgeben von schönen
Bäumen und grossen Büschen.
Ein Kiesweg führte an einem kleinen
Teich vorbei und um das Gebäude herum.
10 Niemand war zu sehen.

Ibrahim, Karin, David und Amélie gingen
um das Gebäude herum und sahen
gerade, wie ein Lieferwagen auf
den Parkplatz vor dem Haus fuhr.
15 «Wir verstecken uns hinter diesem Busch
und beobachten, was passiert»,
flüsterte Ibrahim. Von ihrem Versteck
aus sahen die vier Kinder, wie zwei
Männer aus dem Lieferwagen stiegen.
20 Der eine Mann trug einen Werkzeugkoffer, der andere eine Stange.
Beide hatten grosse Taschen über ihre
Schultern gehängt. Sie gingen zum
Hintereingang und machten sich an
25 der Türe zu schaffen. «Ob die wohl
etwas reparieren müssen?», fragte
Amélie leise. Da hatten die beiden
Männer die Türe schon geöffnet,
betraten das Gebäude und zogen die
30 Türe hinter sich zu. «Das war bestimmt
keine Reparatur», war sich Ibrahim
sicher. Auch Karin war gleicher Meinung.

Von ihrem Platz aus hatte sie genau
gesehen, wie der eine Mann eine
35 Bohrmaschine aus dem Werkzeugkoffer
geholt hatte. «Ich glaube auch eher,
dass es sich hier um einen Einbruch
handelt», meinte Karin.

«Ich gehe zur Tür und schaue nach,
40 ob die beiden das Schloss beschädigt
haben», sagte Ibrahim. David und
Amélie wollten ihn zurückhalten.
Aber er liess sich nicht von seiner Idee
abbringen. «Wir müssen genauere
45 Informationen haben, bevor wir weiterarbeiten können», sagte Ibrahim
entschlossen. «Als Detektiv kann man
nicht jede Gefahr vermeiden.»
Schliesslich liess er sich überzeugen,
50 dass ihn Karin begleitete. «Falls jemand
kommt, tun wir so, als ob wir Fangen
spielen», machten die beiden ab.
«Und dann rennen wir einfach davon.»

Die Vermutung war richtig. Das Tür-
55 schloss war mithilfe einer Bohrmaschine
geöffnet worden. Schnell rannten
die beiden zurück hinter den Busch und
berichteten den andern, was sie fest-
gestellt hatten. Ibrahim wollte das kleine,
60 grüne Heft aus seiner Hosentasche
nehmen. Da bemerkte er, dass es weg
war. «Wo ist mein Heft? Vorhin war
es noch da!», ärgerte er sich. «Du hast

es wahrscheinlich verloren, als du
65 gerannt bist», meinte David. «Zum Glück
ist der Fotoapparat nicht heraus-
gefallen», stellte Ibrahim erleichtert fest.
Er schaute sich um und entdeckte von
Weitem das kleine, grüne Heft in der
70 Nähe des Hintereingangs. Dort musste
es aus seiner Hosentasche gefallen sein.
Ibrahim traute sich nicht, nochmals
zum Hintereingang zu gehen. Er be-
fürchtete, dass er den beiden Männern
75 begegnen könnte. «Jetzt haben wir
nichts zum Schreiben», sagte er

verzweifelt. «Und wir müssen uns
doch die Autonummer des Lieferwagens
merken!» – «Kein Problem», sagte
80 Amélie. «Ich kann mir Zahlen gut
merken.» Sie schaute zum Lieferwagen
und las die Autonummer vor. In diesem
Moment hörten die Kinder Schritte hinter
sich. Alle vier zuckten zusammen und
85 schauten sich erschrocken um. Ibrahim
spürte, wie sein Herz klopfte. Er dachte,
die Männer hätten sie entdeckt. Karin,
David und Amélie befürchteten dasselbe.
Auch sie spürten ihre Herzen klopfen.

Kapitel 6: Gute Arbeit

Lehrmittel der Interkantonalen Lehrmittelzentrale

Autorenteam
Gabriela Bai, Claudia Neugebauer, Claudio Nodari, Susanne Peter

Projektleitung
Claudio Nodari, Roman Schurter

Herstellung
Marcel Walthert

Fachberatung
Elisabeth Ambühl-Christen, Mita Ray, Basil Schader

Begleitkommission
Julia Beetschen, Ruth Christen-Jordi, Patrick Dick, Katharina García, Annelies Humm

Illustrationen
Marc Locatelli, Zürich

Kolorierung
Vaudeville Studios, Zürich

Sachillustrationen
CAT Design, Claudia A. Trochsler, Baar

Fotos
Reto Schlatter, Zürich

Gestaltung
Bernet & Schönenberger, Zürich

Korrektorat
Christoph Gassmann, Zürich

  **Lehrmittelverlag Zürich**

© 2013 Schulverlag plus AG   Lehrmittelverlag Zürich
1. Auflage 2013

ISBN 978-3-292-00754-4 (Schulverlag plus AG)
ISBN 978-3-03713-661-4 (Lehrmittelverlag Zürich)

FSC
www.fsc.org
MIX
Papier aus ver-
antwortungsvollen
Quellen
FSC® C008457

GUTE REISE!
BESUCH UNS WIEDER!
ALLES GUTE!
MACH'S GUT!
PASS AUF DICH AUF!
AUF BALD!
WIR WERDEN DICH VERMISSEN!
VIEL GLÜCK!
KOMM BALD WIEDER!
WIR VERGESSEN DICH NIE!